BEI GRIN MACHT SICH IHR WISSEN BEZAHLT

AF135855

- Wir veröffentlichen Ihre Hausarbeit,
  Bachelor- und Masterarbeit

- Ihr eigenes eBook und Buch -
  weltweit in allen wichtigen Shops

- Verdienen Sie an jedem Verkauf

Jetzt bei www.GRIN.com hochladen
und kostenlos publizieren

Bibliografische Information der Deutschen Nationalbibliothek:

Die Deutsche Bibliothek verzeichnet diese Publikation in der Deutschen National-
bibliografie; detaillierte bibliografische Daten sind im Internet über http://dnb.d-
nb.de/ abrufbar.

Impressum:

Copyright © 2018 GRIN Verlag
Druck und Bindung: Books on Demand GmbH, Norderstedt Germany
ISBN: 9783346078933

Dieses Buch bei GRIN:

https://www.grin.com/document/507979

Leo Pöckl

Rechenmaschinen von der Antike bis zum Mailüfterl

GRIN Verlag

Rechenmaschinen
von der Antike bis zum Mailüfterl

Vorwissenschaftliche Arbeit verfasst von
Leo Pöckl

Februar 2018

Abstract

In der vorliegenden Arbeit soll die Entwicklung von Rechenmaschinen von der Antike bis zum Mailüfterl, einem österreichischen Computer, beleuchtet werden. Bei dieser Arbeit handelt es sich um eine Literaturarbeit unter Einbeziehung eines Museumsbesuches im Technischen Museum Wien (wo das oben erwähnte Mailüfterl ausgestellt ist).

Inhaltsverzeichnis

Einleitung 5

1.   Die Antike..5

    1.1   Ägypten und Mesopotamien...5

    1.2   Griechenland 6

    1.3   Rom 6

    1.4   Der Mechanismus von Antikythera 7

    1.5   Maya, Inka und Azteken 9

2.   Rechenmaschinen im 15., 16. und 17. Jahrhundert..9

    2.1   Die Renaissance 9

    2.2   Das 16. Jahrhundert..10

    2.3   Das 17. Jahrhundert..10

    2.4   Die Rechenmaschinen von Blaise Pascal 12

    2.5   Die Rechenmaschinen von Gottfried Wilhelm Leibniz 12

3.   Der moderne Computer..13

    3.1   Grundlagen 13

    3.2   Von Neumann-Architektur 13

    3.3   Von Neumann- und Harvard-Architektur im Vergleich 14

    3.4   John von Neumann 15

    3.5   Die Turingmaschine 16

    3.6   Weitere Arbeiten Turings..17

4.   Die Computer des Konrad Zuse 19

    4.1   Das Binärsystem und seine Umsetzung...19

    4.2   Der Z1 19

    4.3   Der Z3...20

    4.4   Der Z11 21

    4.5   Konrad Zuse 21

5.   Das Mailüfterl und Heinz Zemanek..22

5.1   Der Transistor 22

5.2   Das Mailüfterl 22

5.3   Heinz Zemanek 23

Abbildungsverzeichnis..25

Literaturverzeichnis 26

Einleitung

Haben Sie sich eigentlich schon einmal gefragt, was ein Mailüfterl ist? Sollten Sie ein Wiener sein, haben Sie den Ausdruck sicherlich schon einmal gehört. Im Fall der vorliegenden Arbeit sind allerdings keinesfalls sanfte Frühlingswinde gemeint. Es handelt sich vielmehr um einen von Heinz Zemanek im Jahr 1958 an der Technischen Universität Wien gebauten Computer.

Das Ziel der Arbeit ist es, einen Überblick über die Entwicklung von Rechenmaschinen zu geben. Das Spektrum der vorgestellten Maschinen reicht von den ersten primitiven Rechenmaschinen der Antike über die komplexeren Modelle des 15., 16. und 17. Jahrhundert bis hin zu den ersten Computern im 20. Jahrhundert. Das komplexeste Beispiel für eine Rechenmaschine aus der Antike ist der Mechanismus von Antikythera.

Die Arbeit enthält auch ein Kapitel, in dem die theoretischen Grundlagen des modernen Computers erläutert werden. Hierbei liegt der Schwerpunkt auf den Konzepten der Turingmaschine und der von Neumann-Architektur. Außerdem enthält dieses Kapitel einen Vergleich zwischen der von Neumann- und der Harvard-Architektur. In dieser Arbeit wird auch kurz auf das Binärsystem eingegangen, da dieses für das technische Verständnis wichtig ist.

1. Die Antike

1.1 Ägypten und Mesopotamien

In Ägypten und Mesopotamien existierten zwar keine Rechenmaschinen im eigentlichen Sinn, allerdings sind bereits um 3000 v.Chr. einfache Rechenhilfen wie Kerbhölzer, Steine und Perlen belegt. Damit konnten simple Additionen und Subtraktionen durchgeführt werden. In Ägypten wurde außerdem ein Bericht aus dem Jahr 3300 v.Chr. gefunden, der über die Beute eines Feldzuges Aufschluss gibt. Hierbei handelt es sich um die erste belegte und durchgeführte Addition der Weltgeschichte (Beute aus eroberten Dörfern). Dies ist zudem der älteste Bericht, der Zahlen enthält. Ein einheitliches Zahlensystem wurde allerdings erst 3000 bis 2000 v.Chr. in Mesopotamien entwickelt. Dieses hatte die Basis 60 und lebt noch heute in der Länge einer Stunde (60 Minuten) fort. (*http://www.math.uni-magdeburg.de/rechenmaschinen.pdf*)

1.2 Griechenland

In Griechenland beschrieb der Historiker Herodot um 450 v.Chr. das Rechnen mit Steinen. Auf seinen ausgedehnten Reisen besuchte er auch Ägypten, wo er diese jahrhundertealte Rechentechnik kennenlernte. 400 v.Chr. entstand in Griechenland zudem die Salami'sche Rechentafel (benannt nach ihrem Fundort, der Meerenge von Salamis), welche auch Abakion genannt wurde. Damit konnten erstmals komplizierte Additionen durchgeführt werden. Im Unterschied zu ägyptischen Rechenhilfen war die Rechentafel von natürlichen Ressourcen, wie z.B. Perlen, unabhängig. Wie auf Abbildung 1 zu erkennen ist, bestand die Tafel aus mehreren waagrechten Linien, auf denen die Zählsteine bewegt wurden. Links sind die Zahlen von 1 bis 1000 dargestellt, rechts Münzsymbole von 1/8 Obolus bis 6000 Drachmen. Ein typisches Anwendungsbeispiel wäre das folgende (Anmerkung: Die Konsumation ist geschichtlich belegt): Jemand besucht ein Lokal und konsumiert das Folgende: einen Fisch um fünf Obolen, dazu zwei Teller Muscheln zu je sieben Obolen, Bratfisch um eine Drachme, sowie drei Krüge Wein zu je zehn Obolen. Nun mussten die Posten einzeln berechnet und zusammengezählt werden, in unserm Falle wäre das dann: 5 Obolen + 14 Obolen + 1 Drachme + 30 Obolen = 8 Drachmen und 2 Obolen (1 Drachme sind 6 Obolen) *(http://www.math.uni-magdeburg.de/rechenmaschinen.pdf)*

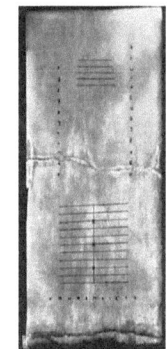

Abbildung 1:Salami'sche Rechentafel (Fragment) (de.wikipedia.org/wiki/Salaminische_Tafel)

1.3 Rom

Zur Zeit des Römischen Reiches gab es keine wirklich neuen „Rechenmaschinen", weil die Römer im allgemeinen einfach die Technik der Nachbarvölker kopierten. Die Salami'sche Rechentafel wurde von den Römern um 300 v.Chr. zum Handabakus weiterentwickelt, der auf demselben Prinzip beruht und in einigen Gegenden der Welt bis heute eingesetzt wird.

Wie man auf Abbildung 2 erkennen kann, bestand der Abakus aus neun Schlitzen, davon sind acht Doppelschlitze und einer ist ein Dreifachschlitz. Die ersten sechs Doppelschlitze (bis zu dem mit X beschrifteten) dienten der Darstellung der Zehnerpotenzen (1000000, 100000, 10000, 1000, 100, 10).

Wollte man nun zum Beispiel die Zahl 70 darstellen, ging man wie folgt vor: zwei Kugeln aus dem unteren Teil des mit X beschrifteten Schlitzes nach oben bewegen und die Kugel aus dem oberen Teil nach oben bewegen (besitzt den Wert 50). Der mit I beschriftete Doppelschlitz diente der Darstellung der Zahlen von eins bis neun. Die Darstellung der Zahl 7 funktioniert nach dem gleichen Prinzip wie die Darstellung der Zahl 70, nur, dass die obere Kugel im oberen Teil des mit I beschrifteten Schlitzes nach oben bewegt werden muss.

Auf die gleiche Weise lassen sich auch die Zahlen 700, 7000, 70000, 700000 und 7000000 darstellen. Der letzte Doppelschlitz diente der Darstellung der Münzen von einem bis neun As. Auf dem Dreifachschlitz ließen sich Bruchteile des As darstellen (von oben nach unten 1/2 As, 1/4 As, 1/3 As).

Wollte man nun beispielsweise 100+12 rechnen, ging man wie folgt vor:

- Zunächst die Zahl 100 darstellen, d.h.: eine Kugel aus dem unteren Teil des mit C beschrifteten Schlitzes nach oben bewegen.
- Jetzt die Zahl 12 darstellen, d.h. eine Kugel aus dem unteren Teil des mit X beschrifteten Schlitzes und zwei Kugeln aus dem unteren Teil des mit I beschrifteten Schlitzes nach oben bewegen.
- Nun das Ergebnis wie folgt ablesen: zunächst die hochgestellte Kugel im unteren Teil des mit C beschrifteten Schlitzes (100), dann die hochgestellte Kugel im unteren Teil des mit X beschrifteten Schlitzes (10) und zum Schluss die zwei Kugeln aus dem unteren Teil des mit I beschrifteten Schlitzes (2). Nun die Werte zusammenzählen: 100+10+2=112

(*Hogben, 2004, S.32ff.*)

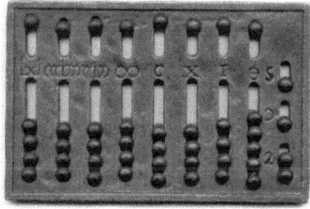

Abbildung 4: Römischer Abakus, links außen der Doppelschlitz für die Millionen Man beachte: Die Zahl 1000 ist anders als sonst nicht mit M, sondern mit ∞ beschriftet. (*http://www.joernluetjens.de*)

1.4 Der Mechanismus von Antikythera

Im Jahr 1900 gelang Tauchern im Wrack eines gesunkenen Handelsschiffes ein aufsehenerregender Fund. Das Schiff war vor der griechischen Insel Antikythera gesunken. Beim Fund handelt es sich um einen hochkomplexen Mechanismus, dessen genaue Funktionsweise bis heute unklar ist, da er unvollständig ist (85 Fragmente). Zunächst galt die Bergung diversen Bronzestatuen, die an Bord gefunden wurden, da originale Bronzestatuen aus dieser Zeit besonders selten sind. Bis 1902 erkannte niemand die Bedeutung der metallischen Fragmente. Erst der Museumsdirektor und Archäologe Valerios Stais erkannte nach eingehender wissenschaftlicher Untersuchung deren wahre Bedeutung. Bis dahin war man davon ausgegangen, dass die Periode, aus der der Mechanismus stammt, vor Beginn der technischen Entwicklung lag. Heute weiß man, dass diese Zeit von außergewöhnlichem Erfindergeist geprägt war, auch wenn Erfinder wie Archimedes oder Heron von Alexandria die wenigsten ihrer Entwürfe auch praktisch umgesetzt haben. Auf dem Mechanismus fand man außerdem eine detaillierte Gebrauchsanweisung, die einen Hinweis darauf gibt, dass womöglich mehrere Exemplare angefertigt wurden. Der Mechanismus enthielt auch eine Darstellung des Sonnensystems. Da damals das geozentrische Weltbild verbreitet war und man davon ausging, dass sich die Planeten auf Kreisbahnen bewegen, war für die Darstellung des Sonnensystems ein extrem kompliziertes System aus Zahnrädern nötig. Für jeden Planeten war ein Zahnrad für die Kreisbahn nötig sowie ein weiteres für die Epizyklen. Nach wie vor wird über den Ursprungsort des Mechanismus diskutiert. Zunächst war man von der Insel Rhodos ausgegangen. Neuere Forschungen gehen hingegen davon aus, dass der Mechanismus aus dem Umfeld des Archimedes stammt und in Syrakus hergestellt wurde. Diese These wird vor allem durch zwei Beweise untermauert. Die verwendeten korinthischen Schriftzeichen waren zu jener Zeit in Syrakus verbreitet. Der römische Philosoph und Staatsmann Marcus Tullius Cicero berichtet, dass zu seiner Zeit in Rom ein Instrument des Archimedes aufgestellt war, das das Sonnensystem abbildete. Dieses ist 150 Jahre vor dem Mechanismus von Antikythera entstanden und deutet darauf hin, dass der Mechanismus eine Weiterentwicklung dieses Instrumentes darstellt.

Anhand von Münzen, die an Bord gefunden wurden, geht man davon aus, dass der Mechanismus zwischen 70 und 60 v.Chr. entstanden ist. Damit stammt er aus dem späten Hellenismus.

Der Mechanismus enthielt vier Hauptanzeigen:

- Sonnenkalender
- Mondkalender
- Finsterniskalender (Anzeige vergangener und künftiger Sonnen- und Mondfinsternisse)
- Olympiadenkalender (Jahresskala in vierjährigen Zeiträumen -Olympiaden)

Momentan versuchen sich die Wissenschaftler des Antikythera Research Projects an einer digitalen Rekonstruktion. Sie gehören vier verschiedenen Institutionen an (den Universitäten von Cardiff, Athen und Thessaloniki sowie dem Archäologischen Nationalmuseum Griechenland). (https://de.wikipedia.org/wiki/Mechanismus_von_Antikythera)

1.5 Maya, Inka und Azteken

Aus den in Abschnitt 1.1 erwähnten Kerbhölzern entwickelten die südamerikanischen Hochkulturen um das Jahr 1000 sogenannte Knotenschnüre. Diese sind einfach handzuhaben, da sich Knoten leicht auftrennen und neu knüpfen lassen. Diese praktische Erfindung wurde vor allem in der Verwaltung (Zählung von Sklaven, Tieren und Nahrungsmitteln) eingesetzt. Verglichen mit Griechenland war das zwar wenig, man muss aber bedenken, dass die Hochkulturen praktisch permanent mit ihren Nachbarvölkern im Krieg lagen und wenig Sinn für Wissenschaften hatten. Das Prinzip hinter den Knotenschnüren ist denkbar einfach. Die Knoten hatten je nach Wert einen bestimmten Abstand. Für Additionen wurden Knoten hinzugefügt, für Subtraktion aufgeknüpft. (*http://www.math.uni-magdeburg.de/rechenmaschinen*)

2. Rechenmaschinen im 15., 16. und 17. Jahrhundert

2.1 Die Renaissance

Im Mittelalter gerieten antike Rechenmaschinen zusehends in Vergessenheit und wurden erst in der Renaissance wiederentdeckt. In dieser Zeit wurde zudem das Werk „Hisab al-dshabr wa-l-Muqbala" des persischen Mathematikers Muhammad ibn Musa al-Chwarizmi ins Lateinische übersetzt. Dieses stammt übrigens bereits aus dem Jahr 800 und enthielt die erste Beschreibung des Dezimalsystems.

Im Jahr 1967 wurde in einer Madrider Bibliothek der Codex Madrid von Leonardo da Vinci gefunden. Dieser erhielt auch die Zeichnung eines Apparates mit Zahnrädern. Da es dazu keine Anmerkungen gibt, ist unklar, ob es sich um ein Getriebe oder eine Rechenmaschine handelt. Um die letztgenannte These zu untermauern, fertigte IBM einen Nachbau an. Nachdem bekannt wurde, dass der Nachbau wesentlich mehr Elemente enthielt, als auf der Skizze zu sehen waren, durfte IBM den Nachbau nicht mehr ausstellen. Nachdem der Nachbau die These, dass es sich um eine Rechenmaschine handelt, nicht untermauern konnte, ist nach wie vor unklar, worum es sich handelt. Die in Spiegelschrift gehaltenen Anmerkungen unter der Zeichnung beziehen sich offensichtlich auf etwas anders.

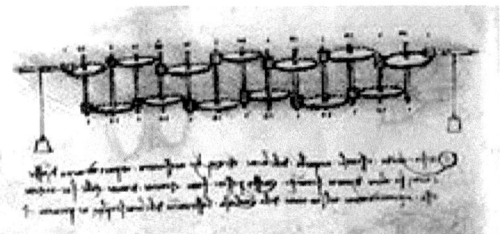

Abbildung 3: Skizze einer Rechenmaschine (?) von da Vinci
(*https://de.wikipedia.org/wiki/Codex_Madrid_(Leonardo_da_Vinci*)

2.2 Das 16. Jahrhundert

Im 16. Jahrhundert beschrieb der Mathematiker John Napier in seinem Buch „Rabdologiae seu Numeratio per vergulas libri duo" das Rechnen mit von ihm erfundenen Rechenstäbchen. Damit konnten allerdings lediglich Multiplikationen durchgeführt werden. Napiers Hauptinteresse galt eigentlich der Politik und der Militärtechnik – er entwickelte unter anderem eine Art Panzerwagen. Allerdings gelang dem gebürtigen Schotten auch als Mathematiker Hervorragendes. Er führte den Logarithmus in die Mathematik ein. Die Rechenstäbe hatte Napier übrigens aus einer Rechentechnik, die in Arabien und Indien sehr populär war, weiterentwickelt. Napier befasste sich auch mit der Entwicklung des Binärsystems (siehe Kapitel 4.1) und baute einen binären Abakus. Außerdem entwarf er Umrechnungsalgorithmen für Binär- und Dezimalsystem.

Im Jahr 1668 stellte der Jesuit Kaspar Schott eine deutlich verbesserte Version der Rechenstäbe vor. Seine Version trug den Namen Organum Mathematicum und konnte auch für Arithmetik, Geometrie, Festungsbau, Kalenderrechnung, die Konstruktion von Sonnenuhren, astronomische Berechnungen und sogar die Komposition von Musikstücken eingesetzt werden. Dabei mussten allerdings verschiedene Walzen eingehängt werden. Auf diesen Walzen waren je nach Aufgabe unterschiedliche Algorithmen kodiert. Vergleichbare Apparate hatten auch der Engländer Samuel Morland, der Franzose Rene Grillet und die zwei Deutschen Jacob Leupold und Phillip Matthäus Hahn entwickelt. (*Naumann, 2001, S39ff.*)

2.3 Das 17. Jahrhundert

1622 wurden vom Theologen und Mathematiker William Oughtred zwei Rechenstäbe für das Rechnen mit Logarithmen erfunden. Diese waren allerdings noch nicht perfekt konstruiert, dieser Schritt gelang um 1650 dem Mathematiker Seth Partridge. Diese Erfindung wird teilweise bis heute eingesetzt, vor allem in Entwicklungsländern. (*http://www.math.uni-magdeburg.de/private/henning/rechenmaschinen.pdf*)

Im Jahr 1623 erfand zudem der Tübinger Professor Wilhelm Schikard eine Rechenmaschine für Addition, Multiplikation, Division und Subtraktion. Maschinen dieser Art werden 4-Spezies-Maschinen genannt. Schikard war Mathematiker, Astronom, Geodät, Linguist, Zeichner, Kupferstecher und Maler. Die Anregung für die Konstruktion der Maschine verdankte Schikard seinem Freund Johannes Kepler. Dieser hatte als kaiserlicher Mathematiker den Auftrag erhalten, die Planetenbahnen anhand der Beobachtungsdaten des dänischen Astronomen Tycho Brahe zu berechnen. Diese Berechnungen waren sehr komplex, sodass Keplers Wunsch nach einer Vereinfachung nur allzu verständlich ist. Kepler hatte ursprünglich angenommen, für die Aufgabe höchstens sechs Monate zu benötigen. In Wahrheit benötigte er nicht weniger als 26 Jahre dafür (von 1601-1627). Kepler erbte nach Schikards Tod die Konstruktionsskizzen. Die Skizzen und weiteres Material aus Keplers Nachlass wurden allerdings erst 1957 veröffentlicht.

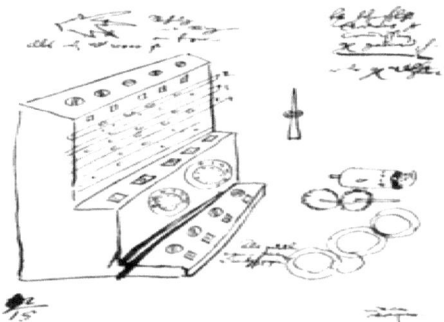

Abbildung 4: Skizze der Schikard'schen Maschine (https://www.revolvy.com)

Unklar ist jedoch, ob die Maschine mit dem damaligen Wissensstand gebaut hätte werden können. Dass sie in der Praxis funktioniert hätte, wurde mit einem Nachbau bewiesen. Wenn je ein Original gebaut wurde, hat es die Wirren des Dreißigjährigen Krieges nicht überstanden. Schikard selbst starb 1635 an der Pest. Bereits 1651 wurde ein Mondkrater nach ihm benannt. (*Naumann, 2001, S 44f.*)

2.4 Die Rechenmaschinen von Blaise Pascal

Im Jahr 1642 entwickelte der 19-jährige Blaise Pascal die sogenannte Pascaline. Diese konnte sechsstellige Additionen und Subtraktionen durchführen. Die Maschine entwickelte Pascal übrigens, um seinem Vater, der Steuerbeamter war, die Arbeit zu erleichtern. Die Maschine ist die erste belegte und gebaute mechanische Rechenmaschine der Welt. Ein einziges Exemplar befindet sich außerhalb von Frankreich, es ist in Dresden ausgestellt. Über die technischen Details weiß man dank eines Eintrags in der „Encyclopedie Francaise" sehr gut Bescheid. Pascal hat laut eigenen Aussagen nicht weniger als 50 verschiedene Modelle der Pascaline hergestellt. (*Naumann, 2001, S.46f.*)

2.5 Die Rechenmaschinen von Gottfried Wilhelm Leibniz

Abbildung 5: Pascaline (*http://www.ami19.org*)

1673 erfand der deutsche Mathematiker Gottfried Wilhelm Leibniz eine 4-Spezies-Maschine (Maschinen mit denen Additionen, Multiplikationen, Divisionen und Subtraktionen durchgeführt werden können). Für diese Maschine entwickelte Leibniz die sogenannte Staffelwalze. Da Schikards Rechenmaschine nicht belegt ist, gilt Leibniz' Rechenmaschine als erste 4-Spezies-Maschine. Zwischen 1675 und 1694 wurden mindestens 5 verschiedene Varianten gebaut. Den Mechaniker, Olivier, für den Bau der Maschinen, hatte Leibniz auf einem mehrjährigen Paris- Aufenthalt kennengelernt. Dieser war gelernter Uhrmacher und hatte selbst versucht eine mechanische Rechenmaschine zu bauen. Er scheiterte jedoch, da ihm einige grundlegende Kenntnisse fehlten. Olivier war es gewohnt mit Zahnrädern und sonstigen mechanischen Teilen umzugehen und stellte somit den idealen Partner für Leibniz dar. Dieser beschrieb die erste Maschine allerdings als „ungeschlachtes, unvollkommenes Modell". 1675 bekam Leibniz die Gelegenheit eine der Maschinen vor der Royal Society zu präsentieren. Die Mitglieder waren davon so beeindruckt, dass sie Leibniz in ihren Kreis aufnahmen, übrigens sehr zum Missfallen von Isaac Newton, der mit Leibniz einen jahrelangen mathematischen

Streit ausfocht, da beide das Verfahren zur Differentialrechnung entdeckt hatten. Der Streit drehte sich um die Frage der Urheberschaft. In der Hitze des Gefechts machte Leibniz den Fehler, sich an die Royal Society zu wenden. Der Vorsitzende Isaac Newton setzte daraufhin ein Untersuchungsgremium ein. Dieses bestand nur aus Freunden von Newton, die ihm Recht gaben. Das reichte Newton noch nicht und er versuchte Leibniz als Plagiator darzustellen. *(Naumann, 2001, S.48ff., Hawking, 1991, 223f.)*

3. Der moderne Computer

3.1 Grundlagen

Im Unterschied zu vorangegangenen Rechenmaschinen müssen bei modernen Computern keine Kurbeln oder sonstige mechanische Teile bewegt werden, um ein Ergebnis zu erhalten. Jeder moderne Computer basiert auf der von Neumann-Architektur.

3.2 Von Neumann-Architektur

Im Jahr 1945 stellte der amerikanische Mathematiker John von Neumann in einem zunächst unveröffentlichten Aufsatz mit dem Titel „First Draft of a Report on the EDVAC" die von ihm entwickelte von Neumann-Architektur (VNA) vor. Das Konzept war seinerzeit revolutionär, da bei vorherigen Rechnern die Rechenvorschriften (Algorithmen) fix implementiert waren. Mit der VNA konnten nun erstmals sehr schnell Änderungen an Programmen durchgeführt werden, ohne die Hardware zu verändern. Das Konzept wird bis heute in Computern eingesetzt.

Die von Neumann-Architektur besteht aus vier Grundelementen:

- ALU (Arithmetic Logic Unit); Rechenwerk: Dieses führt Rechenoperationen und logische Verknüpfungen durch.
- Control Unit; Steuer- oder Leitwerk: Dieses interpretiert die Anweisungen eines Programms und ist außerdem für die Steuerung der Befehlsabfolge zuständig. ALU und Control Unit bilden zusammen die CPU (Central Processing Unit).
- Bussystem: Dieses ist für die Kommunikation zwischen den Elementen zuständig. Es besteht aus drei Unterelementen:
  - Steuerbus, steuert das Bussystem
  - Adressbus, überträgt Speicheradressen
  - Datenbus, überträgt Daten

- I/O Unit; Eingabe/Ausgabewerk: Dieses steuert die Ein- und Ausgabe von Daten. Die Ausgabe erfolgt entweder für den Benutzer (zum Beispiel über einen Bildschirm) oder für ein anderes Systemelement.

Die Funktionsweise ist die folgende:

- Ein Befehl wird vom Benutzer eingegeben.
- Der Befehl wird im RAM (Random-Access Memory) zwischengespeichert.
- Befehlsabruf (FETCH): Der Befehl wird abgerufen und in das Befehlsregister geladen. Der Befehlszähler wird um die Länge des Befehls in Bits erweitert.
- Dekodierung (DECODE): Der Befehl wird durch das Steuerwerk in Schaltinstruktionen für das Rechenwerk umgewandelt.
- Operandenaufruf (FETCH OPERANDS): Aus dem Speicher werden die Operanden geholt. Dabei handelt es sich um Werte, die durch den Befehl verändert werden sollen oder als Parameter verwendet werden.
- Befehlsausführung (EXECUTE): Eine Operation wird vom Rechenwerk ausgeführt.
- Rückschreiben des Resultats (WRITE BACK): Sofern es nötig ist, wird der Befehl in ein Register oder in den Speicher zurückgeschrieben.

(https://de.wikipedia.org/wiki/Von-Neumann-Architektur)

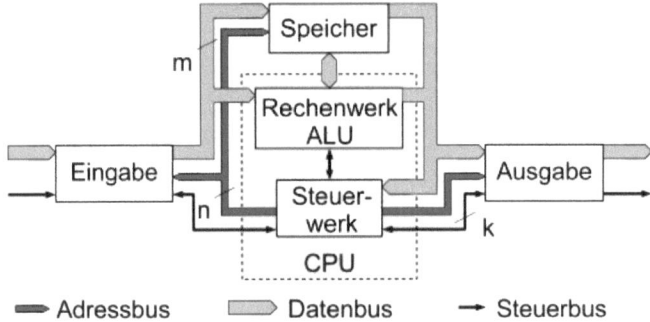

Abbildung 6: Architektur nach von Neumann
(https://de.wikipedia.org/wiki/Von-Neumann-Architektur)

3.3 Von Neumann- und Harvard-Architektur im Vergleich

Bei der von Neumann- und bei der Harvard-Architektur handelt es sich um Modelle der theoretischen Informatik, die ungefähr zur gleichen Zeit vorgestellt wurden. Diese Modelle sind sehr ähnlich. Die Idee zur Harvard-Architektur stammt vom US-amerikanischen Professor und Computerpionier Howard Aiken und wurde während der Konstruktion des Computers MARK I vorgestellt. Der MARK I ist die praktische Umsetzung dieses Konzepts. Die von Neumann-Architektur ist nach wie vor weit verbreitet. Sie befindet sich in so gut wie jedem Intel Chip, den man in praktisch jedem PC finden kann. Die Harvard-Architektur wurde bis in die 90er Jahre in sogenannten RISC Prozessoren (Prozessoren mit reduziertem Befehlssatz) verwendet. Ein typisches Beispiel hierfür ist der Motorola 68030. Einer der letzten Computer, der damit ausgestattet war, war der Apple IIvx, dessen Produktion 1993 endete. Die Harvard-Architektur besitzt eigene Speicher für Programme und Daten, während bei der von Neumann-Architektur nur ein Speicher existiert. Für die Datenübertragung existiert in der Harvard-Architektur zudem jeweils ein eigenes Bussystem für Programme und Daten. Der Vorteil der Harvard-Architektur besteht darin, dass Daten und Programme gleichzeitig eingelesen werden können, während bei der von Neumann-Architektur dafür zwei aufeinanderfolgende Zyklen notwendig sind. In den Programmspeicher geladene Programme können außerdem nur gelesen und nicht verändert werden. Dies stellt eine Sicherheitsmaßnahme da, um zu verhindern, dass zum Beispiel durch einen Softwarefehler Programmcode gelöscht wird. (https://www.bernd-leitenberger.de/harvard-neumann.shtml, https://de.wikipedia.org/wiki/Harvard-Architektur)

Harvard-Architektur: **Von-Neumann-Architektur:**

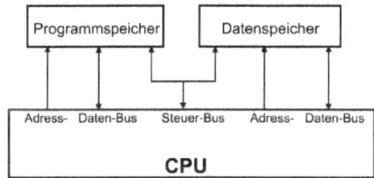
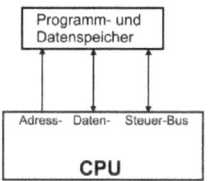

Abbildung 7: Vergleich zwischen Harvard- und von Neumann-Architektur

3.4 John von Neumann

John von Neumann wurde am 28. Dezember 1903 in Budapest geboren. Er entstammte einer jüdischen Bankiersfamilie und fiel früh durch seine außergewöhnliche Intelligenz auf. Nachdem er 1926 promoviert hatte, arbeitete er 1926/27 an der Universität Göttingen (dem damaligen Weltzentrum der Mathematik), wo er zur Gruppe um den Mathematiker David Hilbert gehörte. Zwischen 1928 und 1933 lehrte er an den Universitäten Berlin und Hamburg. Nach der Machtergreifung der Nationalsozialisten floh von Neumann in die USA. Dort begann er in Princeton, New Jersey, zu arbeiten. Während dieser Zeit wurde von Neumann ein enger Freund von Kurt Gödel und Albert Einstein.

Von 1943-1945 arbeitete von Neumann am Manhattan-Projekt (Entwicklung der Atombombe) in Los Alamos. Auch an der Weiterentwicklung der Atombombe zur Wasserstoffbombe war er beteiligt. Ab 1945 beschäftigte sich John von Neumann mit der Informatik. Am 8. Februar 1957 verstarb von Neumann an einem Krebsleiden. Dieses war möglicherweise eine Spätfolge seiner Teilnahme an Atombombentests. (*https://de.wikipedia.org/wiki/John_von_Neumann*)

3.5 Die Turingmaschine

Im Jahr 1934 präsentierte Alan Turing ein abstraktes, mathematisches Modell, das die Funktionsweise eines Computers beschreibt, die sogenannte Turingmaschine. Dieses Modell ist bis heute eines der wichtigsten der theoretischen Informatik. Man unterscheidet zwischen der speziellen und der universellen Turingmaschine.

Die spezielle Turingmaschine war das Ursprungskonzept. Bei ihr ist der Algorithmus fest in der Maschine implementiert, deshalb nennt man sie speziell, d.h. sie kann nur das Problem lösen, für das sie konstruiert wurde. Ihre Arbeitsweise ist die folgende: Die auf dem Speicherband binär kodierten Input-Daten werden eingelesen. Der Lese-/Schreibkopf fährt das Band entlang, wobei die zuvor als Algorithmus codierten Schritte durchgeführt werden. Zwischenergebnisse werden auf dem Speicherband gespeichert, damit erfüllt es auch die Aufgabe des Arbeitsspeichers (RAM). Kommt die Maschine irgendwann zum Stoppen, ist das Problem algorithmisch lösbar und die Lösung wird auf dem Band notiert. Wird keine Lösung gefunden, würde die Maschine theoretisch ewig weiterrechnen bzw. das Band unendlich lang sein müssen. (*Penrose, 1999, S.40ff.*)

Turing erkannte richtigerweise, dass sich die Maschine noch weiter verallgemeinern ließe, wenn man auch den Algorithmus über den Lese-/Schreibkopf einliest. Diese Form wird als universelle Turingmaschine bezeichnet. Der Unterschied zur speziellen Turingmaschine liegt also darin, dass der Algorithmus zusammen mit den Input-Daten eingelesen wird, weshalb sie universell ist, da jedes algorithmisch lösbare Problem mit dieser Maschine prinzipiell gelöst werden kann. Ihre weitere Funktionsweise deckt sich mit der der speziellen Turingmaschine. Um vorhersagen zu können, welche Probleme mit dieser Maschine lösbar sind, entwickelte Turing die sogenannte Orakel-Turingmaschine. (*Penrose, 1999, S.40ff.*)

Jeder moderne Computer entspricht einer universellen Turingmaschine und ist entsprechend der von Neumann-Architektur aufgebaut.

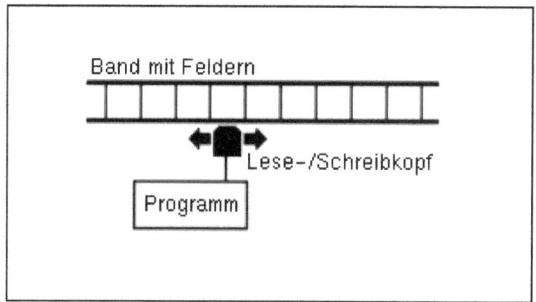

Abbildung 8: Schematische Darstellung der Turingmaschine
(*http://informatikunterricht.wikia.com*)

3.6 Weitere Arbeiten Turings

Turing-Bombe

Während des zweiten Weltkriegs gehörte Turing dem Kryptoanalyse-Team in Bletchley Park an (zusammen mit James Bond-Erfinder Ian Fleming), das mit der Entschlüsselung der deutschen Enigma betraut war. Um die Arbeit zu erleichtern, konstruierte Turing eine Maschine, die im Grunde nichts anderes tat als sämtliche Schlüsselstellungen durchzuprobieren, bis ein sinnvolles Ergebnis gefunden war. Die Turing-Bomben benötigen im Extremfall zwei Stunden, um den Code zu knacken (zum Vergleich: die menschlichen Kollegen benötigten sechs bis zwölf Stunden und das auch erst, nachdem sie herausgefunden hatten, dass die Deutschen jeden Tag um 6 Uhr einen Wetterbericht verschickten). Das mag zwar nach viel Zeit klingen, man muss sich aber vor Augen halten, dass die Enigma eine extrem komplizierte Maschine war, deren Schlüsseleinstellungen sich täglich änderten. Eine originale Turing-Bombe existiert zwar nicht mehr, es gibt jedoch diverse Nachbauten.

COLOSSUS (1943)

Während der Zeit, in der Turing in Bletchley Park arbeitete, entwickelten die Deutschen eine Weiterentwicklung der Enigma, die Lorenz-Maschine. Da die Maschine erheblich komplizierter aufgebaut war als die Enigma, halfen auch die Turing-Bomben nichts mehr. Um den Code doch zu knacken, entwickelte Turing COLOSSUS, diese Maschine bestand aus 1500 Röhren und war einer der ersten „Computer". Nach dem Krieg wurde COLOSSUS nicht mehr benötigt und das einzige Exemplar verschrottet.

Software für MANCHESTER MARK I (1948)

1948 gehörte Turing einem Team an, das an der Entwicklung des Computers MANCHESTER MARK I beteiligt war (ein beteiligtes Mathematikerehepaar bekam später einen Sohn namens Tim Berners Lee -der Erfinder des World Wide Web). Turing entwickelte dabei die Software. Der MANCHESTER MARK I versagte jedoch ständig in der Praxis und konnte seinen tatsächlichen Wert nicht beweisen. Hätte er funktioniert, wäre dies der erste Computer der Welt gewesen.

Turingtest (1950)

1950 veröffentlichte Turing den Aufsatz „Computing Machinery and Intelligence", indem er den sogenannten Turingtest postulierte. Bei diesem Test geht es darum festzustellen, ob Computer ein gleichwertiges Denkvermögen wie Menschen besitzen. Zu diesem Zweck wird ein Proband in einen Raum gebracht und führt ohne Sicht-und Hörkontakt einen Dialog mit zwei Personen (einem Menschen und einem Computerprogramm). Beide versuchen nun den Probanden zu überzeugen, dass sie denkende Menschen sind. Kann der Testteilnehmer keine eindeutige Unterscheidung treffen, hat das Computerprogramm den Test bestanden. In seinem Aufsatz stellte Turing die Prognose auf, dass im Jahr 2000 der durchschnittliche Anwender höchsten eine 70-prozentige Chance haben wird, Mensch und Maschine erfolgreich zu unterscheiden. Bis heute hat sich die Prognose allerdings nicht bewiesen. (Im Film Blade Runner gibt es eine fiktionale Weiterentwicklung des Turingtests, mit dem künstliche Menschen (Replikanten) auf ihre emotionale Reaktion getestet werden, um sie von Menschen zu unterscheiden.)

Computerschach (1952)

1952 schrieb Turing das erste Schachprogramm der Welt, es gab jedoch keinen geeigneten Computer um es auszuführen. Turing übernahm also die Funktion des Computers und berechnete jeden Zug selbst. Er konnte damals die weitere Verbreitung seiner Erfindung nicht ahnen, die 1996 einen Höhepunkt erlebte. Der IBM Computer Deep Blue besiegte Schachweltmeister Gari Kasparov. Dabei tat Deep Blue im Grunde genommen nichts anders als Milliarden von Zügen innerhalb von Sekunden zu berechnen. Dies war auch Turings Idee hinter dem Programm gewesen. Wie bereits erwähnt, hatte kein Computer der 50er Jahre des 20. Jahrhunderts genügend Rechenkapazität. *(https://de.wikipedia.org/wiki/Alan_Turing)*

4. Die Computer des Konrad Zuse

4.1 Das Binärsystem und seine Umsetzung

Das Binärsystem ist die Grundlage für die Funktionsweise jedes modernen Computers und wurde erstmals 1697 von Gottfried Wilhelm Leibniz beschrieben. Zunächst ging es ihm allerdings darum, darin ein Sinnbild für die Vollkommenheit des christlichen Glaubens zu finden. Seine Idee war, dass die Zahl 7 im Dezimalsystem der Zahl 111 im Binärsystem entspricht. Damit wollte er die Tage der Schöpfung (7) mit der heiligen Dreifaltigkeit (111, weil dreimal dieselbe Ziffer vorkommt) in Einklang bringen.

Das Binär- oder Dualsystem basiert auf der Basis zwei und ist eine Darstellungsweise, um jedes Symbol als Summe von Nullen und Einsern darzustellen. So entspricht die Zahl 10 im Dezimalsystem der Zahl 1010 im Binärsystem, weil $10 = 1 \cdot 2^3 + 0 \cdot 2^2 + 1 \cdot 2^1 + 0 \cdot 2^0$.

Als Konrad Zuse mit der Arbeit an seinem Z1 begann, erkannte er, dass dieses System am einfachsten umzusetzen war, da es nur zwei Stellungen gab: 0 (Strom aus) und 1 (Strom ein). Zunächst verwendete Zuse Bleche, die auf Metallstiften montiert wurden. Die Übertragung verlief wie folgt: Ein bewegendes Blech bewegt das Steuerblech, dieses wiederum bewegt das zu bewegende Blech. Diese Bleche sind auf einem Metallstift befestigt, der seinerseits wiederum auf einem Festblech befestigt ist. Befand sich das Blech oben, war dies die Stellung 1, befand es sich hingegen unten, war dies die Stellung 0. Das Konzept erwies sich allerdings als unzuverlässig (zu den technischen Problemen siehe Kapitel 4.2) und Zuse ersetzte sie im Z3 durch Relais. Der Vorteil von Relais liegt auf der Hand, sie besitzen nur zwei Kontakte, die entweder offen (kein Strom) oder geschlossen (Strom) sind.

4.2 Der Z1

Von 1935 bis 1937 entwickelte der deutsche Informatiker Konrad Zuse den ersten Rechner mit programmierbarem Rechenwerk. Der Z1 hatte allerdings wie sein Nachfolger Z2 noch erhebliche technische Probleme und funktionierte nie einwandfrei. Im zweiten Weltkrieg wurde der Rechner durch Bombenangriffe zerstört. Auf Initiative des Technischen Museums Berlin baute Zuse den Rechner 1986 bis 1989 nach. Die technischen Grundlagen des Computers, die Zuse für den Z1 benötigt hatte, waren Auslöser eines jahrelangen Patentstreits mit IBM, der damals größten Computerfirma der Welt. Den Prozess verlor Zuse übrigens. Das Argument von IBM war, dass John von Neumann seine Architektur (siehe Kapitel 3.2) bereits früher entwickelt hatte. Das Gericht sah das auch so. In Wahrheit sind die beiden Entwicklungen zeitgleich entstanden, und es ist unklar, ob die beiden Erfinder überhaupt Kenntnis von der Arbeit des jeweils anderen hatten.

Der Z1 arbeitete noch mit Blechen. Lange Zeit rätselten Informatiker wie damit Boole'sche Operationen (Nicht, Oder, Und) durchgeführt werden konnten. Diese Operationen waren tatsächlich schwer durchzuführen. Für jedes Blech gab es zwei Stellungen: 0 (Strom aus) und 1 (Strom ein). Das Additionswerk des Z1 bestand aus ca. 30000 Blechen. Bei dieser großen Anzahl an Blechen ist es nicht weiter verwunderlich, dass die Bleche permanent verklemmten. Das Problem trat auch beim Nachbau des Z1 auf.

Abbildung 9: Der Z1 (Nachbau), sehr gut ist hier das komplexe Rechenwerk mit seinen Blechen zu erkennen (*https://de.wikipedia.org/wiki/Z1_(Rechner)*))

Zuse hatte die Ansätze des Engländers Charles Babbage weiterentwickelt. Dieser hatte im 19. Jahrhundert versucht eine automatische Rechenmaschine zu entwickeln. Trotz der großzügigen Unterstützung des englischen Staates scheiterte Babbage in der Praxis ständig. 1842 verweigerte der Staat dem Projekt „Difference Engine No.1" die weitere Finanzierung. Heute weiß man, dass der damalige Wissensstand einfach nicht ausgereicht hatte eine so komplexe Maschine zu konstruieren. Babbage verstarb 1871, nach ihm sind der Asteroid 11341 sowie ein Mondkrater benannt. Einer Anekdote zufolge war Babbage bei der Betrachtung von Logarithmentafeln auf die Idee gekommen, diese künftig von einer Maschine berechnen zu lassen. (*Naumann, 2001, S.136ff.*).

4.3 Der Z3

Nachdem die Modelle Z1 und Z2 nur teilweise erfolgreich waren, entwickelte Zuse zwischen 1940 und 1941 den Z3. Dieser wurde am 12.Mai 1941 fertiggestellt, und gilt zumindest im deutschsprachigen Raum als erster Universalrechner der Welt. Einen routinemäßigen Einsatz erlebte der Computer übrigens nie, da das zuständige Ministerium den Einsatz nicht als dringlich einstufte. Der erste Testlauf des Z3 bestand darin, die Fluginstabilitäten bei einem Abfangjäger zu simulieren. Nur drei Jahre nach seiner Fertigstellung wurde der Z3 1944 durch einen Bombenangriff zerstört. Die Zuse KG fertigte 1962 einen Nachbau des Rechners für Ausstellungszwecke an. In den USA gilt übrigens der ENIAC als erster Computer der Welt, obwohl beide beinahe gleichzeitig entstanden. Das liegt vor allem daran, dass der ENIAC wesentlich mehr Aufmerksamkeit erregte als der zerstörte Z3.

Revolutionär am Z3 war vor allem die Relaistechnologie (zur Funktionsweise siehe Kapitel 4.1), die die Zuverlässigkeit erheblich erhöhte. Mit den Relais konnten die Bauelemente gleichzeitig geschaltet und verbunden werden. Die Relaistechnologie war sehr kurzlebig und wurde Mitte der 1940er durch Elektronenröhren abgelöst (Zuse Z22). Der Z3 benötigte ca. 3000 Relais. *(Naumann, 2001, S.136ff.)*

4.4 Der Z11

Nachdem die Modelle Z1-Z10 von der Zuse KG in sehr geringen Stückzahlen gefertigt wurden, entschied sich die Firma dazu einen serienmäßigen Computer zu bauen. Das Modell Z11 wurde von 1956 bis 1957 angefertigt. Von den 42 gebauten Exemplaren existieren heute noch sieben Stück. Sechs davon befinden sich in Deutschland, das siebente ist im Technischen Museum Wien ausgestellt. Der Z11 verwendete ebenfalls noch Relais. Deren Anzahl war jedoch vom Auftrag abhängig. *(http://www.horst-zuse.homepage.t-online.de/z11.html)*

4.5 Konrad Zuse

Konrad Zuse wurde am 22. Juni 1910 geboren. Mit 14 Jahren tüftelte Zuse an seiner ersten Erfindung. „Zuses Mandarin Automat" sollte Obst verkaufen und Wechselgeld herausgeben. Nach dem Abitur studierte er zunächst Maschinenbau, dann Architektur und schließlich Bauingenieurswesen. In diesem Fach schloss Zuse 1935 sein Studium ab. Er begann danach eine Arbeit als Statiker in den Henschel Flugzeugwerken. Diese Arbeit gab Zuse bald auf und widmete sich ganz seiner Erfindertätigkeit. Seine erste Arbeit war der Z1 (siehe Kapitel 4.2).

Während des zweiten Weltkriegs arbeitete Zuse zunächst in der Sonderabteilung F (Entwicklung von Gleitbomben) der Henschel Werke. 1941 durfte er das Unternehmen „Zuse Ingenieursbüro und Apparatebau" gründen, die einzige Firma in Deutschland, die Computer herstellen durfte. 1945 floh Zuse aus Berlin. Dabei nahm er den Prototyp des Z4 mit. Dieser bildete die Grundlage für die Gründung der Zuse KG. Zuse war auch eng mit Heinz Zemanek (siehe Kapitel 5.3) befreundet. Zuse verstarb am 18. Dezember 1995. Sein ältester Sohn,

Horst Zuse, ist ebenfalls Informatiker. (*https://de.wikipedia.org/wiki/Konrad_Zuse,*
http://www.horst-zuse.homepage.t-online.33de)

5. Das Mailüfterl und Heinz Zemanek

5.1 Der Transistor

Beim Transistor handelt es sich um ein elektronisches Bauteil, das in der Hauptsache dazu dient Stromkreise zu unterbrechen und zu schließen. Der Vorteil des Transistors gegenüber dem Relais (wie es Zuse benutzte) ist seine geringere Größe. Transistoren sind heute das wichtigste Element im Computerbau. Da Transistoren immer kleiner werden, werden auch Computer immer kleiner. So verfügt beispielsweise ein I-Phone über ein Vielfaches der Rechenleistung der Computer, die 1969 von der NASA im Apollo-Programm (Mondlandung) eingesetzt wurden.

5.2 Das Mailüfterl

Das Mailüfterl wurde von Heinz Zemanek an der TU Wien gebaut. Die Universität verweigerte ihm allerdings die Genehmigung und somit benötigte Geldmittel. Zemanek finanzierte also seinen Computer mit seinen eigenen Geldmitteln. Als Zemanek in den Niederlanden, dem damals einzigen europäischen Land, in dem man Transistoren kaufen konnte, Transistoren beschaffen wollte, stellte er fest, dass das Geld nicht ausreichte, um die gewünschte Anzahl zu beschaffen. Das Unternehmen Philips wollte anfänglich nicht einmal 1000 neuwertige Transistoren an Zemanek verkaufen, da der schlichtweg nicht die nötigen Geldmittel besaß. Letztendlich gelang es Zemanek 4000 ältere Transistoren zu beschaffen. Die meisten Bauteile waren allerdings Geschenke verschiedener Firmen. Der Computer war von 1958 bis 1966 in Betrieb, zuletzt am IBM Laboratorium Wien. IBM übergab das Mailüfterl 1973 dem Technischen Museum Wien. Dort ist es bis heute ausgestellt. Der Name Mailüfterl nimmt auf den amerikanischen Computer „WHIRLWIND (Wirbelwind)" Bezug. Zemanek bemerkte dazu folgendes: „Wenn es auch nicht die rasante Geschwindigkeit amerikanischer Modelle erreichen kann, die Wirbelwind oder Taifun heißen, so wird es doch für ein Wiener Mailüfterl reichen."

Technische Daten:

- 3000 Transistoren
- 5000 Dioden
- 1000 Montageplättchen
- 10000 Lötstellen
- 15000 Widerstände
- 5000 Kondensatoren
- 20000 m Schaltdraht
- Gewicht: 500 kg
- Breite: 4 m
- Höhe: 2,5 m

(https://de.wikipedia.org/wiki/Mail%C3%BCfterl, http://www.museumonline.at/2000/wien-feuerbach/mailueft/mailueft_de.htm)

Abbildung 10: Das Mailüfterl (https://www.technischesmuseum.at)

5.3 Heinz Zemanek

Heinz Zemanek wurde am 1. Jänner 1920 geboren. Nachdem er Professor an der Technischen Universität (TU) Wien wurde, begann er mit dem Bau seines ersten Computers, der Universal-Relais-Rechenmaschine 1 (URR1). Das Konstruktionsprinzip hatte Zemanek zwar in der Theorie vollkommen korrekt umgesetzt, in der Praxis versagte die Maschine jedoch. Die Fehler waren eine wichtige Erfahrung für den Bau des Mailüfterl. Schließlich wurde auch IBM (der damalige Weltmarktführer für Computer) auf Zemanek aufmerksam und bot ihm eine Stelle an. Zemanek nahm an und gründete das IBM Laboratorium Wien, dem er von 1961 bis 1976 vorstand. Hier entwickelte er die Programmiersprache PL/I, die auf FORTRAN IV basierte. Zudem war Zemanek Gründungsmitglied und langjähriger Präsident der

Österreichischen Computergesellschaft. Die Gesellschaft vergibt jährlich den Heinz Zemanek-Preis für herausragende Leistungen im Gebiet der Informatik. Er war auch ein hervorragender Orgelspieler und eng mit dem Komponisten Gottfried von Einem befreundet. Zemanek verstarb 94-jährig am 16. Juli 2014. *(https://de.wikipedia.org/wiki/Heinz_Zemanek, Zemanek 2001, S.11f)*

Abbildungsverzeichnis

Abbildung 1:Salami'sche Rechentafel (Fragment) (de.wikipedia.org/wiki/Salaminische_Tafel)

Abbildung 2: Römischer Abakus, links außen der Doppelschlitz für die Millionen Man beachte: Die Zahl 1000 ist anders als sonst nicht mit M, sondern mit ∞ beschriftet. (*http://www.joernluetjens.de*)

Abbildung 3: Skizze einer Rechenmaschine (?) von da Vinci (*https://de.wikipedia.org/wiki/Codex_Madrid_(Leonardo_da_Vinci*)

Abbildung 4: Skizze der Schikard'schen Maschine (https://www.revolvy.com)

Abbildung 5: Pascaline (*http://www.ami19.org*)

Abbildung 6: Architektur nach von Neumann *(https://de.wikipedia.org/wiki/Von-Neumann-Architektur*)

Abbildung 7: Vergleich zwischen Harvard- und von Neumann-Architektur

Abbildung 8: Schematische Darstellung der Turingmaschine (*http://informatikunterricht.wikia.com*)

Abbildung 9: Der Z1 (Nachbau), sehr gut ist hier das komplexe Rechenwerk mit seinen Blechen zu erkennen (*https://de.wikipedia.org/wiki/Z1_(Rechner)*)

Abbildung 10: Das Mailüfterl (https://www.technischesmuseum.at)

https://de.wikipedia.org/wiki/Von-Neumann-Architektur#/media/File:%22von_Neumann%22_Architektur_de.svg (Zugriff am 9.11.2017)

Literaturverzeichnis

Bücher

Hawking, Stephen William (1991): Eine kurze Geschichte der Zeit, 2. Auflage, Reinbek bei Hamburg, Rowohlt Verlag

Naumann, Friedrich (2001): Vom Abakus zum Internet, 1. Auflage, Darmstadt, Primus Verlag

Penrose, Roger (1999): The Emperors New Mind, 2. Auflage. Oxford, Oxford University Press

Singh, Simon (2002): Fermats letzter Satz, 7. Auflage, München, Deutscher Taschenbuch Verlag

Hogben, Lancelot (2004): Mathematik für alle, 2.Auflage, Köln, Parkland Verlag

Stepan S. Moskalluk Hrg. (2001): Series „Classics of World Science" Vol. 8: Heinz Zemanek, Kiew, Verlag des TIMPANI Institutes

Internetquellen

http://www.math.uni-magdeburg.de/private/henning/rechenmaschinen.pdf (Zugriff am 21.8.2017)

de.wikipedia.org/wiki/Salaminische_Tafel#/media/File: Salaminische_Tafel_Salamis_Tablet_nach_Wilhelm_Kubitschek_Numismatische_Zeitschrift _Bd_31_Wien_1899_p._394_ff.jpg (Zugriff am 1.11.2017)

http://www.joernluetjens.de/sammlungen/abakus/rom-abakus.htm (Zugriff am 3.11.2017)

https://de.wikipedia.org/wiki/Codex_Madrid_(Leonardo_da_Vinci) (Zugriff am 3.11.2017)

https://web.archive.org/web/20120224012404/http://www.museumonline.at/2000/wien-feuerbach/mailueft/mailueft_de.htm (Zugriff am 18.11.2017)

https://www.heise.de/tp/features/Antike-Feinmechanik-3409028.html (Zugriff am 4.11.2017)

http://www.computerconservationsociety.org/resurrection/res68.htm (Zugriff am 8.11.2017)

http://www.hs.uni-hamburg.de/DE/GNT/hh/biogr/zuse.htm (Zugriff am 12.11.2017) http://www.ingenieur.de/Themen/IT-Hardware/Konrad-Zuses-Z3-Computer-Welt-75 (Zugriff am (12.11.2017)

https://de.wikipedia.org/wiki/Z1_(Rechner)#/media/File:Zuse_Z1-2.jpg (Zugriff am 12.11.2017)

https://en.wikipedia.org/wiki/Alan_Turing#/media/File:Alan_Turing_Aged_16.jpg (Zugriff am 9.11.2017)

http://informatikunterricht.wikia.com/wiki/4_Turingmaschine (Zugriff am 9.11.2017)

https://de.wikipedia.org/wiki/John_von_Neumann#/media/File:JohnvonNeumann-LosAlamos.gif (Zugriff am 9.11.2017)

https://de.wikipedia.org/wiki/Von-Neumann-Architektur#/media/File:%22von_Neumann%22_Architektur_de.svg (Zugriff am 9.11.2017)

www.hannover.de/Media/01-DATA-Neu/Galerien/Ideen-und-Konstruktionen-von-Gottfried-Wilhelm-Leibniz/Rechenmaschine (Zugriff am 6.11.2017)

http://www.ami19.org/Pascaline/IndexPascaline-English.html (Zugriff am 7.11.2017)

https://www.revolvy.com/main/index.php?s=Wilhelm%20Schickard&item_type=topic (Zugriff am 5.11.2017)

https://de.wikipedia.org/wiki/Napiersche_Rechenst%C3%A4bchen#/media/File:Neperianische_Rechenst%C3%A4blein.jpg (Zugriff am 3.11.2017)

https://de.wikipedia.org/wiki/Codex_Madrid_(Leonardo_da_Vinci)#/media/File:M%C3%A1quina_de_sumar_de_Leonardo_da_Vinci.jpg (Zugriff am 7.11.2017)

https://de.wikipedia.org/wiki/Alan_Turing (Zugriff am 11.1.2018)

BEI GRIN MACHT SICH IHR WISSEN BEZAHLT

- Wir veröffentlichen Ihre Hausarbeit, Bachelor- und Masterarbeit

- Ihr eigenes eBook und Buch - weltweit in allen wichtigen Shops

- Verdienen Sie an jedem Verkauf

Jetzt bei www.GRIN.com hochladen und kostenlos publizieren